POESL

Inchiostro Malleabile di Lorenzo Ricci

Progetto grafico e impaginazione di Sara Calmosi
Direttore di Redazione: Jason R. Forbus

ISBN 978-88-33461-26-7

Pubblicato da Ali Ribelli Edizioni, 2018
Collana: Poesia
www.aliribelli.com – redazione@aliribelli.com

Lorenzo Ricci

Inchiostro Malleabile

AliRibelli Edizioni

Questo libro è tuo.
Solo tuo
e di tutti gli altri.

PREMESSA

Mettere le mani avanti, spesso è importante quanto utile, specie per chi come me, è di carattere un po' indolente. Si rivela fondamentale per evitare di farsi saltare via i denti durante una caduta, oppure può servire per abbracciare forte qualcuno che si ama. Il suo significato colloquiale indica insicurezza, cedimento. Giustificare da principio le proprie azioni è sintomo di chi sa di essere nel torto o almeno, di non aver agito diligentemente.

Ora, avendo concluso questo libro, e potendo vantare mani libere e veloci, pronte a elargire cause e giustificazioni nel caso queste venissero richieste, sento di poterle usare anche per buttare giù due righe su quella che è la ratio di tutto questo mio consumare carta.

Mi piace pensare che in un futuro prossimo qualcuno di influente possa leggere un mio lavoro e spinto da genuino interesse, decida di scrivere una premessa al posto mio, in quanto da come starete leggendo, io non ne sono ovviamente in grado. Questa mia carenza però, è il motivo per cui ho voluto scrivere un prologo. Solo la mia inadeguatezza a questo ruolo può rappresentare con precisione chirurgica quello che è in realtà Inchiostro Malleabile, cioè una persona che non sa di preciso quello che sta facendo, ma decide di farlo ugualmente.

Personalmente ritengo fortunato non chi nasce ricco, intelligente o bello, ma chi riesce a trovare sin da subito un posto nel mondo. Il suo posto nel mondo. Quelle persone hanno un'energia unica, che irradiano nel loro lavoro. Quando le osservi capisci che sono nate per fare quello che stanno facendo. Al giorno d'oggi può risultare difficile scegliere una strada poiché la società ci insegna che tutte le vie sono percorribili. Possiamo diventare quello che vogliamo. Questa mezza verità, può essere la rovina per molti.

Il trucco insomma, sembrerebbe essere non altro che fare quello che uno sente suo, quello che uno desidera. Niente di più facile. In fondo è quello che ci ripetano spesso quando siamo piccoli e fantastichiamo su professioni utopiche a metà tra l'essere astronauti ed un illusionista di fama mondiale. Eppure con il tempo sembriamo dimenticarcene.

Qualcuno direbbe che queste persone sono scivolate troppo a fondo nella pelliccia del coniglio e che adesso non riescono più ad uscirne, ma questa è un'altra storia.

Credo che questo libro non mi appartenga molto, anche se racchiude solo storie, pensieri ed emozioni personali. Nonostante la mia emotività ho affrontato la mia passione sempre con una mente molto analitica e riflessiva. Ad esempio, l'idea che io stia scrivendo questa premessa invece di continuare a lavorare al mio romanzo mi ferisce il cervello con la forza della peggiore delle emicranie, poiché in cuor mio, so che il poeta urbano, non è il mio ruolo da interpretare in questa vita. Scrivere su un social è sempre stata un contentino per la mia sindrome di Michelangelo, più che la mia aspirazione professionale.

Se ho deciso di investire tempo e risorse in questo lavoro è solo per regalare qualcosa a chi mi sprona a non mollare mai, ed il loro numero sostenuto mi sbalordisce ancora oggi. Questo è il motivo per cui non sento mio questo libro. Lo ritengo piuttosto un regalo per voi e un mio personale esorcismo psicologico sia di buoni che di nefasti ricordi.

Una premessa dovrebbe comunque concludersi prima o poi e magari facendolo in modo intelligente: nascondendo una velata citazione, rievocando antichi valori oppure guardare al futuro con prospettive innovative. Purtroppo avevamo già assodato che io non so scrivere una premessa, ed è per questo che qui non avverrà nulla di tutto ciò. Ci sarà invece una conclusione un po' smielata che proverà a segnare un iter di cognizione tra significato e significante delle mie parole...

Ma quindi? Che ci sta scritto in questo libro?

Semplicemente queste poche pagine rappresentano buona parte della mia vita, anni di cambiamento visti da diverse prospettive. Ci sono io che scappo ed inseguo il mio stesso sogno, spesso contemporaneamente Ci sono tutte le persone che ricordo e tutte quelle che ho dimenticato. Quelle che ancora mi chiamano e quelle di cui ignoro i messaggi. C'è mia madre, la mia famiglia, il mio futuro cane e i nipoti che ancora non ho. C'è qualcosa di quello che amo e molto di quello che odio; l'indifferenza e la nostalgia. C'è rabbia, paura, gioia, fatica, divertimento e gratitudine. Tutto quello che mi ha reso quello che sono.

Spero che questo inchiostro resista come acciaio, perché dentro, tengo stretto ognuno di voi.

Un abbraccio.

-L.

La poesia che mi ha tagliato le gambe
mi ha dato ali per non pensarci...

Siamo
più
forti
del
nulla dura per sempre…

PARTE I

PRESENZA

(1) Ipotesi.

Comunque vada, resterai sempre la mia finestra sulla felicità.
Preziosa, come un giardino di rose a dicembre.

(2) E.

L'amo veramente tanto. Forse perché nonostante i suoi occhi abbiano visto centinaia di cose meravigliose, ogni volta che si posano su di me, mi regalano la sensazione di essere la più fantastica di tutte.

(3) Arancia amara.

Ho assaggiato la felicità ed aveva il tuo stesso sapore.

(4) Sugli occhi e di altre meraviglie.

E tutto ciò che c'è di bello giuro lo vedrò con te.
E tutto quello che ho già visto, io l'ho visto in te.

(5) Ultimo primo capitolo.

La tua schiena
mi racconta storie
che non vorrei neanche immaginare.

I tuoi occhi

le cancellano
come un colpo di spugna.

Vorrei per la tua schiena essere
il suo ultimo primo capitolo.

(6) Itaca.

Annego dentro te
come in fondo al mare
quando prendo il largo.
Le tue gambe
scialuppa di salvataggio.
Augurami
buon
viaggio.

(7) La malinconia conia i Mali.

Cosa dovrei sentire mentre mi abbracci?
Non sussurrarlo, gridalo forte
perché ormai non sento più niente.

(8) Colore.

E poi ci siamo incontrati
nudi
prima della pioggia
l'anima come due tele bianche.

Finalmente
ti vedo
e
piove
colore.

(9) M

Scrivo per raccontarti.
Potresti diventare dottoressa
medico o filosofa.
E invece respiri libera.
Respiri e sei già arte.

(10) Scemo chi legge,

perché le tue labbra hanno più parole di tutti i libri del mondo.

(11) Necessità.

Volevo scrivere qualcosa che ti descrivesse
invece ho preso un foglio bianco
e l'ho riempito con il tuo nome.

(12) Super-ficiali.

Ho incontrato la donna della mia vita.
Lei era bellissima, io ero in pigiama.

(13) Descrizione anatomica.

Che bella che sei quando ridi.
Metti una mano davanti alla bocca, come se volessi intrappolare l'emozione che stai vivendo.
A me va bene, almeno posso concentrarmi sui tuoi occhi e scendere fino alla tua anima.
Loro mi guidano come fari, grandi abbastanza da potermici specchiare.
Premurosi a tal punto, che riflesso al loro interno, trovo la bellezza perduta in me stesso.

(14) Mezzaluna fertile.

Il tuo sorriso è una forma d'arte.
Mi squarcia il petto come un quadro di Fontana.

(15)1789.

I suoi baci avevano un che di liberatorio.
Era come se qualcuno aprisse una seconda finestra dentro ad una casa durante una giornata ventosa, creando una corrente indomabile.
Ogni contatto mi donava un po' di lei e io potevo vederla alleggerirsi da tutto quello che la crucciava.
Le sue labbra sapevano di rivoluzione.
La sua lingua era la ghigliottina.

(16) Elio.

Non so
se sia giusto
rincorrerti
come un bambino
che vede nell'elio
e nella plastica
i suoi sogni più leggeri.
Non so
cosa mi spinge
ad affrontare le distanze
accorciandole a suon di urti
e senza la tua armatura.
Conosco invece
mille motivi
per chiudermi nei miei pensieri
ma nel frattempo apri la porta
che sono sotto casa tua.

(17) Polvere di stelle.

Come sei bella con quel maglione rosso.
Mi ricorda il Natale passato da poco, però su di te non stona affatto.
Mentre mi lavo le mani sento che sei tornata e, dopo aver posato la borsa, corri a salutare gli altri, presi dalla conversazione e dalla birra artigianale.
Non mi stringi come abbracceresti il cuscino quando il mondo sembra più cattivo di quel che è in realtà, ti limiti ad un generico saluto, senza guardarmi negli occhi, ah e gli auguri di buon

anno che quelli fanno sempre bene.

Quel corridoio stretto mi viene in aiuto e ci obbliga ad avvicinarci per permetterci di passare.

Lo ringrazierò quando potrò, per ora, incrocio il tuo sguardo e lo conservo, per quando le cose si faranno più buie di quello che sono in realtà.

Raggiungi gli altri mentre io mi accingo ad andare.

Anche stasera non ce l'ho fatta.

Mi mordo la lingua prima di uscire, saluto gli altri. Saluto te.

Cosa vuoi che sia, non è mica un addio: è solo aspettare più a lungo, di quello che è in realtà.

(18) Il tempo.

Siamo come le lancette di un orologio.
Il tempo ci separa.
Ci separa.
Ci separa.
Ci riunisce.

(19) Origasmi.

Siamo fatti di carta.
Ci guardiamo e piove.
Chiedimi chi
ci raccoglierà
dal suolo.
Pensa a come
farei
da solo.

(20) Ballata gioviale.

La mia paura è il tempo perso.
Ma intendo quello personale
cioè tutto quello che alla fine
rimane fine a sé stesso.
Con te ho voglia di suonare
se non c'è il sole fa lo stesso
sei qualcosa di buono
più ti guardo e più lo penso.
Di ricordi
sicuro che ne avrai tanti
e i tuoi sogni
straripano dal cassetto
a che pensi?
Mi dici niente
menti così dolcemente
che ho più endorfine in corpo
di un obeso, al suo terzo mento.
Io onesto
o resto
tu vai, ma già che sei qua
dammi un ultimo abbraccio
tipo scolaro e zainetto
mi hai dato la forza per combattere
e come uno zaino dell'asilo
il bello
è quello che porti dentro.

(21) La chiave per la mia felicità.

La mia vita
è un'enorme porta
che spingo da sempre
e che non mi lascia entrare.
Stanco mi sono seduto
ed ho ascoltato
il rumore dei tuoi passi
e ho lasciato
che fossi tu
ad aprirla per me.
E adesso che ci troviamo
in queste grandi sale vuote
ti mostri per ciò che sei.
La chiave per la mia felicità.

(22) Tutte le mie paure.

Il tuo viso sembra dipinto da abili mani, potrei mai io descriverlo a parole? Proverei a reinventarmi pittore, perché per te reinventerei anche il mondo, ma solo a guardarti le mie mani tremano.
Sei tutte le mie paure, che non sono mai state così belle.

(23) Disegnami.

Scrivo poesie
con le mie dita
sul tuo corpo.

(24) Solo amici.

Ei tu.
Si dico a te.
A te con quegli occhioni grandi e quelle scarpe troppo strette.
Dove vai tu, che corri sempre dietro alle persone.
Non hai ancora capito che dovresti restare immobile, e che sono
gli altri che dovrebbero combattere per tenersi stretta una come te?
Davvero ancora ti preoccupi?
Tu, un giorno, sarai il grande amore di qualcuno.
Vuoi sapere quanto bene meriti?
Sarebbe un amore miserabile quello che si può misurare.
Se però vuoi farti un'idea, inizia provando a guardare il mare.

(25) Denti bianchi.

Appello il mio sorriso a devozione
il tuo respiro sulla pelle
mi porta alle stelle
come una propulsione
più grande della mia ambizione
lenisci il dolore
come un'epurazione,
terminata l'usanza dell'espiazione.

(26) 666 tutto.

Camminiamo insieme all'Inferno
ma almeno ora
abbiamo un buon motivo per restare.

(27) 06:50

Quanto sei bella mentre dormi
sai di giorni con il sole, di quelli senza bisogni.
Sei la panna nel caffè che scendo a prendere in pigiama
occhiali scuri contro il sole, per scrutare il panorama
la fame saziata
endorfina nel cervello
io sono il freddo inverno
e tu calda cioccolata.

(28) La torta sotto la ciliegina.

Distesi su coperte bianche
di quelle prese all'Ikea
con vocali e consonanti
non sono uno che gira per locali e torna a consolarti
epocali viaggi mentali, se chiedi di consigliarti.
Proteggimi da te
ma anche dagli altri
difendimi dall'idea di te che parti
libera davvero
senza biglietti e bagagli
il tuo deserto sempre pieno solo di serpenti a sonagli.

(29) Nomi in attivo/ Rosa/ Rosae

Mi
flagelli
il

cuore
con
rose
senza
spine.

(30) È tempesta

E mi ricorda il mare
serena
mi ricordo il cielo.

(31) Occhi lucidi.

Ti vedo che sorvoli le macerie del mio cuore
e che le abbandoni come ruderi
rode, la dura verità
che siamo tutti soli
e che siamo tutti inutili.
Per della gente siamo utili
per tutti gli altri siamo gli ultimi
in realtà, si ama una volta sola
e tutti gli altri sono passatempi ludici.
Mi accarezzi e senti buchi? Ricucili.
Vuoi la mia presenza? Denunciami.
Vuoi essere sincera? Denudati.
In amore io devo soffrire quindi ti prego deludimi.

(32) Geloso

O gelosamente custodisco
ogni tuo gesto
per averlo nel tempo.
E le tue labbra il mio cielo
l'immenso
mica ognuno può vederlo;
che cosa cerchi là fuori
dagli altri
che anche per un momento soltanto
mentirebbero a comando.

(33) M

E se mi guardi almeno esisto.

(34) Roma.

La città è fredda e il gelo la sfuma d'opaco.
Ho appena finito di cenare, te di lavarti i capelli.
Mi abbracci da dietro ed appoggiando la tua testa sopra la mia,
mi dici che stasera vuoi uscire, vedere persone, luci, colori.
Ti rispondo che dovrei studiare, ma che va bene, e presi i
cappotti dopo poco siamo in centro.
Attraversiamo le vie come arterie un corpo umano, aggrappati
l'uno all'altro come ossigeno e globuli rossi.
La città ora è più calda e il tepore le restituisce colore.
mi abbracci di nuovo, stavolta più forte e mi chiedi di portarti
a ballare.

Qualunque posto va bene.

Non c'è traccia di musica eppure danziamo sotto un cielo cosi chiaro da riflettere anche i fiumi.

Mi sento già abbastanza fortunato.

Non mi dici che mi ami perché sembra troppo serio, mi guardi negli occhi e mi dici che mi vuoi bene. Lo apprezzo lo stesso anzi lo trovo anche più onesto.

La città ora è bollente e il fuoco le ridà luce.

tornati a casa i tuoi capelli sono asciutti e i miei libri sono lì dove li ho lasciati. Canticchiando ti sposti in camera e ti prepari per andare a dormire.

Non sei mai stata così bella.

(35) Zucchero e caffè.

Mi sciolgo dentro te
come zucchero e caffè.

(36) 1+1=1

Siamo
più
forti
del
niente dura per sempre.

(37) Tutte le volte dico basta,

e invece non mi basti mai.

(38) Orizzonte.

Non sarai mai mia
ma se staremo insieme
avremo come l'illusione
di non dividerci davvero.
Sei la mia terapia
il sangue nelle vene
sei un'alluvione caldo
che riunisce mare e cielo.

(39) Riluttanza.

Dalla mia bocca
non sentirai mai
parole
di adorazione
di quelle che tutti bramano
non perché incapace
ma perché sepolte
da neve e malinconia
ma se i miei giorni fossero
una roulette russa
e la mia vita
questa pistola
tu spara pure
Perché di te mi fido.

(40) Semplicemente.

Come
di
candida
neve
nascondi
l'innocenza
che
ti
rende
meravigliosa.
Semplicemente meravigliosa.

(41) Museo o muse.

Ma cosa diavolo ci andiamo a fare ancora ai musei. Ci sei tu
che guardi arte, e io che guardo te.

(42) A.

Te che mi sgridi
perché rido poco.
Io che so ridere
solo con te.

(43) Masochista

Diciamo che ti conosco e che ti ammiro
renderti felice ora come ora sembra l'unico obiettivo
ho scordato perché vivo
scambio il dolore per amore
o l'amore per il dolore
come un pessimo fachiro.

(44) Atomi.

Ti amo
basta cambiare ordine ad
atomi
crescere è guardarti
senza toccare e ascoltandoti
mi hai fatto scoprire
più di un milione di vocaboli
ridato le ali ad angeli
tolto i forconi ai diavoli.

(45) Le relazioni.

Una relazione è come la matematica.
Tutto sommato, non è niente male.
Chi ci crede davvero, è un esponente di una corrente di pensiero alquanto radicale.
Che poi va bene essere gentili, ma c'è un limite a tutto.
Importante sembrerebbe non sottrarre mai nulla dall'altro,
corrispondendo ad ogni atto positivo, una equa azione.

Non cercare divisioni.

Spesso portano solo ad un valore più piccolo, e se vuoi davvero integrarti, bada solo a svolgere bene la tua funzione, ricordando che per una buona impressione, serve avere una bella espressione, che si distingua fra tante.

Non sottovalutate la potenza delle piccole cose, sono proprio quelle a fare la differenza.

Tirando le somme direi che relazioni sono come la matematica, e che quindi la matematica è proprio come l'amore.

A sentire in giro non piace a nessuno, eppure prima o poi, tutti devono farci i conti.

(46) Ti amo tipo esca.

Amo il tuo sguardo
e le tue spalle
sicurezza che irrigidisce
mi tiene al caldo
come uno scialle
non so che cosa suggerisce
è vero
che io non so amare per davvero
perché chi costruisce un muro
non può lamentarsi se poi ostruisce.

(47) Calma.

Facevi m'ama o non m'ama
con una corona di petali
tua mamma che ti consigliava

certi stronzi evitali
io non sono mai stato stronzo quindi credimi
sei la fonte del mio pensiero
dai vita a tutti i miei momenti fertili.

(48) Eskimo.

Perché mi amassi
non l'ho mai capito
e ti giuro
ci ho riflettuto tanto che
ti immagino
a fare la stupida con gli altri
lasciando
il tuo lato migliore, solo a me.
Perché mi ami
non lo capisco adesso
figurati prima
a quell'età
se ripenso
a tutto quello che è successo
i perché
cedono il posto
ai resta qua.

(49) Megalomania.

Tutto è già visto
già scritto
già sentito

ed in centinaia di lingue diverse.
Io scrivo come tutti.
Te sorridi come tutte.
Io sono il più bravo
perché tu sei la più bella.

(50) Solo tu.

Sei amante.
Madre.
Amica.
Sorella.
Quante altre anime servono
per formare una famiglia?

(51) Luna ti capisco.

Te hai sorriso alla luna
e ti giuro
è impallidita quel giorno.

(52) Fiamme libere.

Non importa se mi bruci
sei mesi e cambierò la pelle,
una scintilla della tua torcia
riesce ad illuminare il mio bosco.
Nudi balliamo sotto le stelle.
L'incendio ora divampa.

Noi saremo fuoco.
Fiamme libere per sempre.

(53) Grazie.

Ma che ne sanno gli altri
di come sai lavarmi via i peccati.

Siamo solo turisti
nel cuore delle persone.

PARTE II

MANCANZA

(54) Neve

E io che cercavo sempre te
solo te
nelle crepe dei muri
nei fondi di caffè
strappavo via i volti
collezionavo sbagli
pagine e pagine
che il tempo ingiallisce
ma come d'incanto
in meno di un secondo
non saprei spiegare
cosa succede
ma tocchi i miei fogli
e le foglie, le strade
gli sbagli
diventano
neve.

(55) Coloricordi.

E per non sentire
troppo
la tua mancanza
dipingerò il mio mondo
con il tuo colore preferito.

(56) Neve II

Come un saggio commerciante
non so darti per scontato.
La tua mancanza è come neve.
Copre tutta la città.

(57) Dodici giorni.

Ho bevuto
cento caffè
fumato
mille sigarette
mangiato
dieci fette di torta.
Eppure ho ancora sonno.
Eppure sono ancora nervoso.
Eppure avverto ancora il vuoto.
La tua armatura mi protegge.
La tua mancanza mi distrugge.

(58) Accarezzami

E muori dentro
quando vedi la sua felicità
lontana dai tuoi occhi
irraggiungibile alle tue mani.

(59) Reminiscenza.

Mi aggrappo agli altri
quando non ci sei,
ma gli altri non sono te
e come su un albero
i rami più fragili
ad uno ad uno
si spezzano
gravati dal peso che porto.
Senza altri sostegni
ed ormai troppo alto da terra
mi avvinghio a ciò che rimane.
Non sei il ramo più in alto.
Sei il tronco che li sorregge.

(60) End or fine.

E vorrei aver scordato
che il tè freddo lo bevi alla pesca
che in tutto quello che mangi metti il sale
e che il cornetto ti piace alla crema di latte
e che sei solita dormire nel lato sinistro del letto.
Che ti piace fumare
ma che vorresti smettere
che ti piace leggere
ma preferisci ballare.
Vorrei aver scordato
la gentilezza dei tuoi gesti
il tuo amore per gli animali
e le tue lezioni di vita.

Vorrei aver scordato
la te
che eri
e che ho conosciuto
soltanto
io.

(61) Semi di girasole.

Pianto fiori
per riempire
il vuoto
che hai lasciato.

(62) Foto richorror

E quanto farà male
cancellare le tue foto
strapparle da quel muro
cera calda sulla pelle.
So che farà male
rimettersi in moto
giocare a fare il duro
era calda la tua pelle.
Passerà quel male
con il tempo e un pressappoco
stringerai altre mani
ed andrai a vedere le stelle.
Dimenticherai quel male
come fosse un vecchio gioco

che come uno sfogo
porti ancora sulla pelle.

(63) Donnie Darko

Quando stavamo insieme percepivo il tempo fermarsi.
Ma non erano i pezzi dei nostri cuori infranti che bloccavano
la sabbia della clessidra degli eventi, era solo una sensazione
di innaturale benessere, che cresceva al mio interno, come il
progredire di un incendio indomito.
Aver bisogno di te, di te nient'altro, senza paura delle
conseguenze.

(64) Il mio amore

che nasce
dove il tuo cuore si assenta.

(65) Il rumore dell'assenza.

Da quel giorno non ho più scattato altre foto. O forse sì, ma
nessuna forma di memoria è riuscita a trattenerle, né umana
né digitale.
Scorrendo la pellicola dei miei ricordi rimanevo inchiodato
sempre ad un'immagine finale.
Da quel giorno ho smesso di dirle che l'amavo.
Sentivo le parole ammucchiarsi copiose in bocca e, proprio
come i cocci di vetro, tagliare la mia carne ogni volta che pro-
vavo a sputarle fuori.

Quando se ne è andata non ha sbattuto nessuna porta, ma sono certo di aver sentito le mura di casa tremare.

L'ultima foto che ci ha immortalato ci ritraeva ridenti come bambini. Non saprei di preciso quale sia il giorno in cui hai deciso di lasciarmi. Ricordo la pioggia, una pioggia che per la prima volta, hai affrontato senza un ombrello.

(66) Voi.

Tutto quello
che credo di conoscere
alla fine svanisce.
Sempre.

(67) Estate.

E che cosa me ne faccio dell'estate
se neanche le fragole, hanno il tuo sapore.

(68) Una promessa è una

Le promesse sono barche di carta.
Le nostre parole acqua piovana.

(69) Il bene che mi hai fatto non passa.

Magari sei stata amore
forse anche più di quello

sei lontana dalle braccia
però scaldi ancora il petto
tu che mi hai dato pace
curando ogni difetto
potrai andare dove vuoi
ma resti intrappolata dentro.

(70) Ciarula e il picco dei mostri.

– Mi piaceva molto il modo in cui mi guardava. Una volta
mi disse che il suo sguardo era carico d'ammirazione e allora
il mio primo pensiero fu paura, paura di poterla deludere. –
– E poi cosa è successo? –
– Sai ragazzo, le persone cambiano e quando non sono loro a
deciderlo spesso le obbliga la vita. Col tempo i suoi baci sono
diventati sempre più freddi, i suoi abbracci sempre più brevi e
le sue carezze più saltuarie. Quando si rivestiva non mi guardava più con quel bruciante desiderio di spogliarsi di nuovo:
i suoi occhi cercavano altri lidi, e nel farlo, attraversavano la
mia carne come spade.

(71) Pumpkins

Le parole le proietto al soffitto
cosi le leggo da sdraiato dopo che mi hai sconfitto
ora che non ricordo la natura del conflitto
ma solo il sapore della lingua con la quale mi hai trafitto.

(72) Priorità

Non ci sei
e non ho niente
avendo tutto.

(73) Benzina e dinamite

Benzina sopra il fuoco
vero quello che si dice
che bruci e lasci il segno
sfumatura o cicatrice
la foto del nostro gioco
in una fragile cornice
io che copio e ridisegno
l'emozione in superficie.
Forse sei stata casa
forse sei stata amore
tatuato sopra il cuore
il tuo numero di matrice
e adesso che ti stringo
come fossi un cacciavite
riaffioriamo su dal fango
esplodendo
dinamite.

(74) Barche

Guarisco le persone
come aggiusterei delle barche
raccogliendo i pezzi
ed attaccandoli insieme.
Che dolore vederle tornare intatte
ed osservarle da solo
sparire all'orizzonte.

(75) MeTaà

Lei gioca col mio cuore
e dopo se ne va
mi guarda come casa
od ogni cosa
di bello.
Mi fissa
come fossi, la sua meta
ma mi sa,
che è lei che mi guarisce
e non mi sento più a metà.

(76) L'esploratore D'oro

Ti cerco
come d'estate
la parte fresca del cuscino.

(77) Lo stronzo.

Tutto torna.
Anche quando chi era tutto
ora non dovrebbe più essere niente.

(78) Bestie e fantasmi.

Ti chiedo aiuto mi credi
che vivo come una bestia
ma sono ancora in piedi
le ossa di cartapesta
mi guardi ma non mi vedi
mi chiedo che storia è questa
se stasera mi uccidi di volta sarà
la sesta.

(79) Andorra.

Ho riversato me stesso dentro ad una persona
a tal punto che l'atra credeva di affogare
l'ho fatto per me stesso
intento personale
perché dentro a questa pelle
davvero non ci so stare.
Sbaglio ad ogni manovra, però me ne rendo conto
amore e psiche di Canova che mi rende quello tonto
l'amore più della psiche, mi rende molto più goffo
la psiche mi sprona a darti sempre tutto ciò che posso.
e ti lascerò addosso

solo tre colori
il giallo, l'azzurro ed il rosso;
uno rappresenta il sole
l'altro sono io
l'ultimo è il colore di quelle rose d'agosto.

(80) Illumina

Gli altri
ma tieniti distante.
Perdona sempre.
Dimentica mai:

(81) Autunno.

Parlami ancora
di promesse sbiadite
scritte sui bordi
di pagine consumate,
ricalcate a tal punto
da finire matite,
le ho viste morire
finita l'estate.

(82) Gallipoli.

Siamo solo turisti, nei cuori delle persone.

(83) Dichiarazione d'odio.

Ti vedo che sorvoli le macerie del mio cuore
e che le abbandoni come ruderi
rode, la dura verità
che siamo tutti soli
e che siamo tuti inutili.
Per delle persone siamo utili
per tutti gli altri siamo ultimi
in realtà si ama una volta sola;
e tutti gli altri sono passatempi ludici.
Mi accarezzi e senti buchi? Ricucili.
Vuoi la mia presenza? Denunciamo.
Vuoi essere sincera? Denudati.
In amore io devo soffrire quindi ti prego deludimi.

(84) Nervosetto.

Ora che non ci sei
non voglio vedere neanche gli altri
non ci stanno santi
non c'è niente che mi salvi
non è un sogno
è un incubo, chiedo come andare avanti
non mi vedi passeggiare
al massimo tirare calci.

(85) Banale.

Non ti ho mai amata
davvero tanto
ma almeno
ti ho amata
davvero.

(86) Mattina.

Non so com'è
ma sono di pessimo umore
forse perché
è da tempo che
non posso più accarezzarti la schiena,
parlavi d'affrontare l'amore,
uscirne illesa
senza uno sguardo d'intesa
ti ritrovi distesa
piove.
Amo le rose
hanno le spine
per non essere raccolte
amo le bugie,
sono verità
che non si piegano alle risposte,
vero
forse dovrei cambiare mestiere
dato che ho più menzogne
che fiori
non posso fare il giardiniere.

(87) Almeno abbine cura.

E se ti do tutto me stesso
cosa ti resta da abbracciare?

(88) Lettera A.

Ti ho dato tutto quel che avevo eppure non ti basta,
occhi come lanterne, luce nella stanza,
per fare certe scelte il cuore l'hai sepolto in tasca;
nasconditi tra i miei ricordi mentre il tempo passa.
Ci siamo accompagnati tra gli ostacoli,
scalzi; come nel deserto dei tartari
selvaggi come barbari
per dormire prendo farmaci
la forza del tuo – non mollare –
la dolcezza nei tuoi – calmati –
Chiamami
hai il dovere di farlo
svegliarmi dal letargo
augurarmi buon viaggio,
tornerò di sicuro,
perché le tue labbra mi gridano – vaffanculo –
mentre i tuoi occhi – amami –

(89) 13/08/1997

Non dimenticarti di essere felice.
Non dimenticarla mai.

(90) Vuota.

Vuota
come un cinema ad agosto
il mio salvadanaio delle elementari
o le cartacce delle caramelle
mi aspetti
per riempire il tuo vuoto.

(91) Completamente.

Non sapevo chi eri,
ma amavo il tuo nome
il tuo non giocare
secondo le regole.
Stringimi come
si fa con un fiore
nella speranza, che metta radici
addosso,
e adesso
che mi sento, ancora scosso
e penso, a cosa è successo
mi sento,
cambiato completamente.

(92) Inesperienza.

Le parole sono l'ossimoro più grande di sempre.
Pesano come macigni, ma spesso le porta via il vento.

(93) Quite nicely.

Mi sono seduto vicino a te
ed ho sentito il tuo profumo,
stretto le tue mani
accarezzato i tuoi capelli.
Solo Dio sa quanto abbiamo parlato.
E tu non eri nemmeno lì.

(94) Sconfitta.

Vorrei
dirti
tante
cose
ma
sarebbe
inutile
quindi
taccio.
I miei occhi gridano.

(95) Please.

Per favore
non vedere
solo un ragazzo
perso
nelle sue fantasie
Per favore

stai qui
in un abbraccio
a mille miglia di distanza.
Il tuo sorriso
in mezzo al buio
è un'ancora di salvataggio.
Morfina ad ogni sguardo.
Nella testa un canto libero.

(96) Try.

Potremmo vivere l'intensità
di un'aurora boreale
ma sarebbe stupido, darsi
una seconda possibilità.

(97) Scritta su un muro.

Ci sarebbero
centinaia di cose
che vorrei dirti
ma nessuna di queste
sarebbe quella giusta ora.
Io sono qui. Sono qui penso a te.

(98) Vetro.

C'è silenzio credo, o forse no.
A terra vetri.
Cos'era quel rumore?
Un cuore infranto,
che poi vabbè
se era di vetro
un secchio e un po' di carta
almeno non ci si fa nemmeno male.
Che bel sorriso
avevi
ma a ricordarlo
li si che ci si taglia,
affilalo meno
e un giorno
tornerò ad accarezzarlo.

(99) Inverno.

Vorrei tanto scriverti questa sera e avvertirti che anche stavolta
sei entrata senza chiedere nella camera da letto dei miei pensieri.
Non ti pulisci mai le scarpe prima d'entrare, almeno sei sicura
di lasciare il segno.
Vorrei tanto che mi scrivessi stasera, ma già so che non
succederà.
Le tue attenzioni sono destinate solo a chi ti fa perdere la testa,
e scusa se in maniera infantile utilizzo le tue stesse parole per
ricordartelo ogni volta.
Però ammetto che mi piacerebbe se ci scrivessimo questa sera,
magari contemporaneamente.

Magari una lettera. Una di quelle che profuma come i libri che ami tanto, e che conserveresti insieme alle altre, per evitare che si rovinino.

Vorrei tanto che qualcuno ci descrivesse, abbracciati nella camera da letto dei nostri pensieri, dipingendoci bellissimi, non curandosi del disordine intorno a noi.

(100) Sei il parco della Vittoria del Monopoli.

Non ho mai detto che saresti stata il mio mondo.
Nemmeno la mia salvezza.
Ti consideravo un punto di partenza e questo bastava a rendermi felice.

(101) Tempere

E per non sentire
troppo
la tua mancanza,
dipingerò il mio mondo
con il tuo colore preferito.

(102) Poli opposti.

Rimanemmo in silenzio per alcuni minuti, non so dire di preciso quanto.
Seduti uno vicino all'altro, potevo quasi sentire il battito del suo cuore.
Non eravamo mai stati così distanti.

(103) Infantile.

Io ti ho dato
tutto.
E intendo tutto me stesso
eri la principessa che sognavo
quando giocavo al Nintendo.
Il tuo amore è stato un po' come un coltello.
Lo userò per controllare
se sei bella pure dentro.

(104) Pomeriggio.

E nonostante tutto forse dicevi il vero
proprio come quel vecchio proverbio,
ti accompagnavo nelle giornate più grigie
proprio come un ombrello.
Oggi, che non sei il mio oggi
ma rappresenti il mio ieri
ti accolgo di nuovo tra, i miei pensieri
scusa il maltempo.

(105) Sera.

Ultimamente sono taciturno
ripenso
a quando scivolavi via
dalle mia braccia
e salivi sopra un notturno
ti salutavo piano

guardavo da un'altra parte
fingevo non fossi importante
il cuore sotto le scarpe.

(106) Mi.

Mi hanno detto
che vivi ne vento
che hai viaggiato più di me
e che hai piume ha ricoprirti le ali e il petto.
che la vita la capirò vivendo;
trovando affinità con il suo senso
se la vivo divertendo,
mi
scriverai una lettera
con dell'inchiostro color argento
dicendo
mi
quanto tutto sia banale
e in fondo
se mi stavo divertendo
mi
ritrovo ancora una volta
a stringere mani solo quando ti rincorro.
Un labirinto
non ha entrate e non ha uscite
se è nella tua testa
ed è privo di pareti
dato che viviamo
sottosopra, dovrò svegliarmi dalla realtà
per ritrovare i miei sogni appesi.

Vieni a prender
mi?

Nessuno può salvarsi da solo
ma per ora
io sono ancora in vita.

Carta ed inchiostro
il bene
e il male.
Perché tutto cambia forma.
Perché tutto è malleabile.

PARTE III

CARTA ED INCHIOSTRO

(107) Carta.

Non ho mai avuto una strada, un sentiero o un percorso da seguire.
Dentro quanto fuori.
Ti insegnano a preoccuparti per il tuo futuro, anche se è intangibile.
Ti insegnano a non guardare dietro, dato che non è quella la direzione che stai percorrendo
Io mi sono sempre trovato in mezzo, in piedi, sopra una linea di confine che misurava solo una spanna.
Ogni via mi è sempre sembrata troppo affollata.
Forse per questo preferisco le piazze vuote, dove chi vuole può sdraiarsi.
Dove c'è sempre spazio per restare.

(108) Peter pan.

E nonostante tutto
gli uomini più grandi che io abbia mai incontrato
avevano ancora gli occhi di un bambino.

(109) Come Dark souls.

Ci provi una volta
è normale sbagliare.
Puoi provarci di nuovo
ma sbaglierai ancora.
Già ti sei arreso?
Prova di nuovo.
Sbaglierai meglio.

(110) Riedificazione.

Pensa che bello,
distruggere tutti i muri
e con le pietre ricavate
costruire infiniti ponti.

(111) Tra velocità tempo e spazio.

A volte alcuni viaggi riescono a stravolgere tutto.
Forse non ti serviranno a capire chi sei, ma sicuramente getteranno le basi per quello che diventerai.

(112) Questo libro non esistrà mai.

– È che crescendo anche i sogni più sinceri tendono a cambiare – disse Aaron, guardando oltre gli scogli.
– Ed è così che mi sento io. – Aggiunse.
– Un uomo, con dei sogni nel cassetto, che ormai non gli vanno più bene.

(113) Il mare alle 20:58

Ricordo solo orizzonti.

(114) Inchiostro.

Forse nessuno può salvarsi da solo
ma per ora
io sono ancora in vita.

(115) Anime antiche.

A cosa serve un'anima se non riesci a mantenerla in fiamme?

(116) Anime attuali.

Odio studiare cose che detesto
mi sembra piano piano,
ogni giorno
di morire un poco dentro,
per diventare che?
Qualcuno?
Io voglio essere qualcosa
me stesso
sinonimo di vento.
E adesso,
che non trovo la mia strada
che non mi stampi un'etichetta
addosso con un timbro,
non so dove sei scappata
dopo avermi tirato un libro
solo per dimostrarmi
che la penna
ferisce più della spada.

(117) Colui che deve essere nominato

Non voglio vivere tra i ricordi
di chi, che per due giorni di vita in più
trangugia il sangue di unicorni,
non abbiamo gli stessi bisogni
in ogni bis, per la folla
c'è una penna che non molla,
un trampolino per i tuoi sogni.

(118) Diffida.

Diffida di chi
non si muove per te.
Di chi quando ti sta affianco
accelera il passo.
Di chi non soffia sulle girandole,
di chi non si mette mai in gioco
dell'erronea realtà
di chi non accarezza i cani.

(119) Monter & co.

Non sempre possiamo sconfiggere i nostri mostri.
Alcune volte dovremmo semplicemente provare ad amarli.

(120) Allacciati le scarpe.

Di quello che hai paura di dire.
Fai quello che hai paura di fare.
Vai dove hai paura ad andare.

(121) Atarassia.

Non sento più niente.
Non voglio più nulla.
Sono stanco di farmi consigliare come stare a galla da chi
affoga da una vita.

(122) Solido.

Resistente
è quel muro
che mostra crepe
eppure resta in piedi.

(123) Winter is coming.

E se la notte
durerà anni
allora dovrai fare tutte le tue scelte al buio.

(124) 5000 anni.

I bicchieri sono di plastica
i piatti sono di plastica
cosi come di plastica
sono i tavoli
le macchine
il cibo
le persone.
E l'amore?
Di plastica pure quello.
Ah.
Bella merda.

(125) Esercizi di rime.

Scrivo le mie rime da solo
nel senso che mi autoproduco
deduco
che mi segue
lo fa perché è in cerca d'aiuto
mi basta un minuto
racconto quello che studio
faccio un salto nel vuoto
mi raccogli in fondo ad un dirupo.
Sono il più adatto se combatto
mi trovi con spada e scudo
prendo atto che ogni volta che scrivo
spacco o deludo
questo mare è solo il preludio
scrivo

arrivo ad Itaca per primo
non sono secondo a nessuno.

(126) Autodeterminazione.

Non lasciare che siano gli altri a definirti.
Ogni volta che lo consenti, non fai che aggiungere un'altra sbarra
alla gabbia in cui vorrebbero imprigionarti.

(127) Però resta te stesso.

Cambia posto.
Cambia epoca.
Cambia i tuoi pensieri.
Cambia il tuo futuro.

(128) Benessere.

Cura il tuo corpo, tempio della tua mente.
Cura la tua mente, giardino dei tuoi desideri.
In fondo, cos'è più gradevole, un arido deserto
o un florido bosco?

(129) Le tue mani a volte.

Il vento
che attraversa i rami del mandorlo

è benevolo
perché l'accarezza,
spietato
perché spargerà i suoi fiori a terra.

(130) Resilienza.

Questa sensazione che mi divora all'interno
è la mia fame di saline emozioni
scioccamente date in pasto a persone
che puntualmente preferiscono il dolce.

(131) Nord.

C'è un posto
nel mio cuore
dov'è sempre autunno
dove le foglie danzano eternamente
grazie ad un vento che urla
e non smette mai di soffiare.

(132) Autoportante.

Ragione e torto.
L'orgoglio seppellisce entrambi.

(133) Hayao Miyazaki.

Vedo
colorati coriandoli
dove
tu
vedi
semplice carta straccia.

(134) Blu cobalto.

Ho versi geniali
ma quando
sto sognando
gente che li scrive a caratteri cubitali
perso
in questo cielo
blu cobalto
mamma sa quanto ci ho messo a farmi crescere le ali
stanco
provo un salto
acrobata mai saltimbanco
mi bilancio
tra i fantasmi, di ieri e di domani
indosserò dei paraorecchie
per non sentire quando mi chiami.

(135) Inspira ed espira.

È davvero sfiancante
esistere.

(136) Matilda.

Mi chiedo
come facciano le persone
ad essere felici.
La malinconia
è come un dolce scivolo.
Più ti lasci andare
più finisci giù.

(137) Ti dico chi siamo.

Puoi chiamarli sentimenti
il prezzo di chi nuota tra gli stenti
incoerenti, ma vittima degli eventi
che poi a pensarci bene
per quanto ci detestiamo
non siamo i nostri pregi
ma siamo i nostri difetti.

(138) Libere libellule.

E forse la verità e che amo essere dalla parte sbagliata, essere
odiato, il diverso.

Le critiche sono l'unico metro di giudizio, l'unica forza che mi spinge continuamente ad avanzare.
Quindi per dispetto, vi prometto che vi amerò tutti.
Del resto sono abituato, ad ingoiare calabroni, per poi sputare libere libellule.

(139) Canzone per te.

Ti hanno fatto credere
che serve un per sempre
altrimenti tutto ciò
non è servito a niente
ma tu non li ascolti e stai aspettando per rispondere,
una relazione a lungo termine non sembra conveniente.
Chi lo vuole un convivente
specie se incompetente
c'è chi ti leva il male dentro
e chi leva le tende,
vorrei bastare ai tuoi vent'anni
ma ti vedo a raccontare i tuoi drammi a Copenaghen
tra le braccia di un bartender.
E ti dico giustamente
la differenza tra me e loro
e che io punto al tuo cuore
gli altri puntano al tuo ventre
ma delle mie paure
non ti rivelo niente
perché la storia del romantico sottone ormai non vende.

(140) Condanna.

Tutti scrivono.
Non esistono buoni oc cattivi scrittori.
Esiste solo chi si è arreso e chi no.

(141) Tu che sai.

Non parli
e muori
un po' alla volta.

(142) Wordplays

Si comunica veloci
non serve un poema
un po' è matto
chi cerca parole nuove
ermetismo farcito di qualunquismo,
per far, cito i più grandi
frasi più povere
ma ricche
di parole vuote.

(143) Samurai.

C'è un samurai che si riposa
disteso all'ombra di un albero.
Fuma annoiato,

non si rilassa.
Non ammazza il tempo
ma le persone.
Ha dato un nome alla sua spada
come suo padre prima di lui
o come suo nonno ancor prima.
Cambiano i nomi.
La spada è la stessa.
La sua lama è sofferenza
e non è mai smussata.
La usa come pennello
per colorare la notte.
Il samurai ora è solo.
È sempre stato solo.
La sua lama scardinerà
il tuo segreto più bello.

(144) Fame.

Comprendi la differenza
Tra chi ha fame di cose buone
e chi fame di cose belle?

(145) Domenica.

Dare
opportunità
mica
è
negligenza

indica (solo)
carenze
affettive.

(146) Fosse facile.

Vivi sereno.
Non pensare al tempo che passa,
pensa al tempo che fa.

(147) Ritratto di un cane pt1

Sghembo trotterella
di lì a di qua,
principalmente annusa.
Ha un laccio rosso
come anche il suo amico,
uno alle mani
l'altro al collo.
Si portano a spasso
a vicenda
decidono insieme
si lasciano trasportare.
Vorrei ritrarli così
liberi e sfocati
ma nel rappresentarli li confondo.
alla fine realizzo
Che il ritratto di cane
è come il ritratto di un uomo,
l'unica differenza

è la taglia del cuore.

(148) Malinconia domenicale

Siamo composti all'80% d'acqua.
Il restante 20% è malinconia domenicale.

(149) Est e Ovest

Ho visto lupi camminare con i cervi
Certi d'essere al sicuro pure su percorsi impervi,
ho visto i secondi, trasformarsi in iene,
invertire il circolo e rompere le catene.
Ho visto l'alba illuminare le tue ciglia
e stavo a mille miglia dagli amici e la famiglia
eppure mi sentivo pieno
e non mi serviva altro
prima ho patito il freddo
ora mi crogiolo nel caldo.

(150) Noi si.

Il vero diverso è quello che ogni giorno prova ad essere un po'
più uguale agli altri.

(151) Autocritica.

Non combattere le lacrime che scendono
questa vita è una giungla
e la natura
sembra avere dato il peggio
di sé
disse, contento quel saggio
esprimendo parole di disagio
rise, di me.

(152) Panettone senza Kandinskij.

Si vive solo un attimo
e pure da egoisti
la vita è tutta un atomo
quindi siate altruisti
che ormai si spezza il pane
per sentire se è raffermo
se mi fermo a pensare
con questa pioggia mi raffreddo.
Rischi.
però al novanta per cento
la concorrenza è assai sleale
che volevi il fifty-fifty?
La gente è paradossale
a forza di puntini sulle i
questa realtà
mi sembra un quadro di Kandinskij

(153) IO.

Io
mi sento straniero proprio come Sartre
moda del momento, si mi sa si dà,
mezzo stipendio alla Sisal, ma è un must
le vacanze Ryanair
con la tipa a Montmartre.
Che scusa!
Come che scusa?
Ma cosa blatera
il suo discorso non sta a galla
sembra, la zattera della medusa
con più di una falla
lei è un tesoro
infatti è una gioia masticarla!
Vivo molti dramma
non interessa il sesso
se hai ereditato i genitali di Ranma,
dei geni tali sono un'arma
infatti i poeti a dodici anni
sai che hanno già la barba.
Il tuo boss mi cerca coi sicari
mi interrogano da un pezzo
gli rispondo si cari?
A forza di fumare sigari
c'è la nebbia
è una taverna dei pirati di Salgari.

(154) Altri lidi.

E che cosa spinge quel mare
ad incorniciare questi paesaggi
a portarci in ogni luogo
ignorando mura e passaggi,
osserva la gente nei lidi
chi fa domande
e chi tira sassi,
ma la gente perde troppi litri
piangendo fino
a disidratarsi.

(155) Catene da neve.

Schiavi di questi versi
che come la giri la giri,
comunque
ne usciamo sempre da servi,
se da lontano ci osservi,
non vedrai le catene,
ma fasci di nervi
e la pelle che li tiene.
Esci,
che un poeta è uno sfigato
o forse un animale
perché si esprime in versi,
persi
in universi, freddi come un frigo
si era già morti dentro
prima che facesse figo.

(156) Quando volevo fare il rapper.

Ho visto drammi
su televisori
surrealismo,
su tele visioni,
io voglio la pace
lascio a te le invasioni
dire mezze verità
equivale ad omissioni?
Parlo di poesia e di scienza
analogie e cationi.
Non ci sono più mezze stagioni
su Netflix le trovi e in serie
è per questo che sto chiusa a casa da stagioni intere,
non funziona lo streaming
vediamo che passa in tele,
ho pagato l'abbonamento
ma non la bolletta ENEL.
Hai ingegno e poca fantasia
e sorry si vede
menti se dici che muovi oggetti
con la mente come Eleven,
io mi faccio troppe saghe
tu ti fai troppe seghe,
se almeno fossi dotato
ti userei come treppiede.

(157) Clay.

Resistente con il tempo.
Per ora argilla tra le tue mani.

(158) Epilogo.

Rinasco
e lascio un letto di cenere
risalgo alle fonti
torno alla natura.
Niente mi tocca.
Niente può farmi male.

Non risvegliarti.

Rinasci.

Grazie.

Indice

Lightning Source UK Ltd.
Milton Keynes UK
UKHW011814100619
344167UK00001B/488/P

9 788833 461267